Impressum
Verlag: BABADADA GmbH, Nedderfeld 112 , 22529 Hamburg
Geschäftsführer / Verlagsleitung: Harald Hof
Druck: Books on Demand GmbH, In de Tarpen 42, 22848 Norderstedt

Imprint
Publisher: BABADADA GmbH, Nedderfeld 112 , 22529 Hamburg, Germany
Managing Director / Publishing direction: Harald Hof
Print: Books on Demand GmbH, In de Tarpen 42, 22848 Norderstedt

1

school
škola

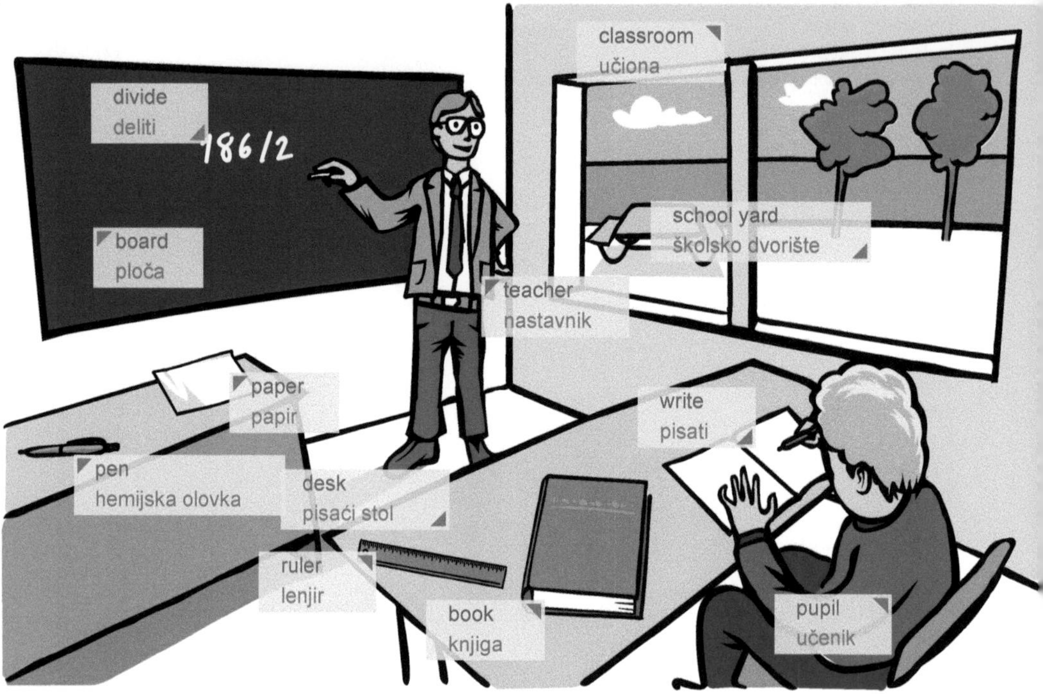

classroom
učiona
divide
deliti
186/2
board
ploča
school yard
školsko dvorište
teacher
nastavnik
paper
papir
write
pisati
pen
hemijska olovka
desk
pisaći stol
ruler
lenjir
book
knjiga
pupil
učenik

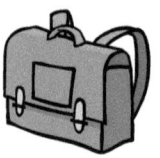

satchel

torba

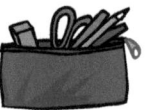

pencil case

pernica

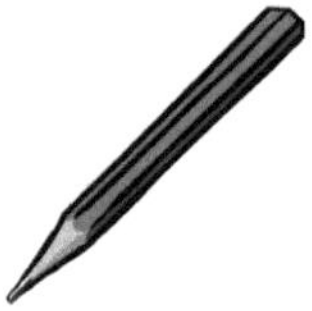

pencil

grafitna olovka

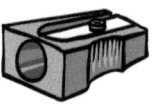

pencil sharpener

šiljilo za olovke

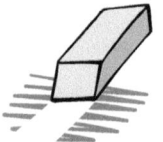

rubber

gumica za brisanje

drawing pad

blok za crtanje

drawing

crtež

paintbrush

kist

paint box

kutija sa bojama

scissors

makaze

glue

lepilo

exercise book

beležnica

homework

domaći zadatak

number

broj

add

sabirati

subtract

oduzimati

multiply

množiti

calculate

računati

letter

slovo

alphabet

abeceda

word

reč

text

tekst

read

čitati

chalk

kreda

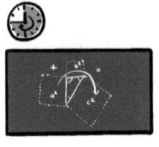

lesson

čas

register

dnevnik

exam

ispit

certificate

svedočanstvo

school uniform

školska uniforma

education

obrazovanje

encyclopedia

leksikon

university

univerzitet

microscope

mikroskop

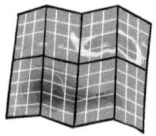

map

karta

waste-paper basket

košara za papir

travel
putovanje

hotel
hotel
Grand
hostel
prenoćište
ROOMS
bureau de change
menjačnica
CHANGE
car
auto

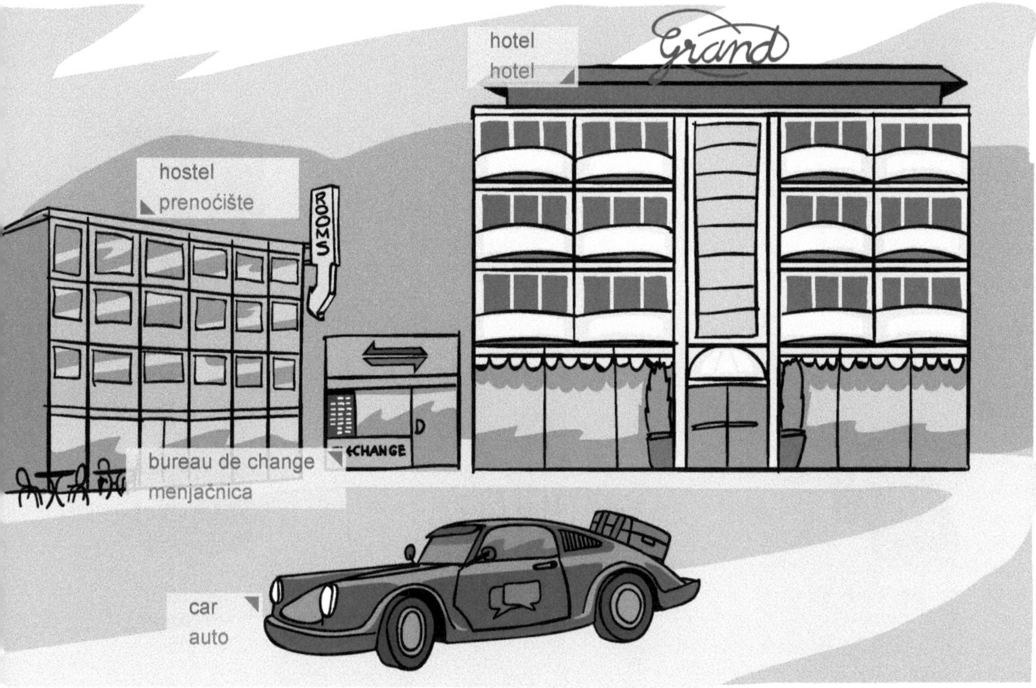

language

jezik

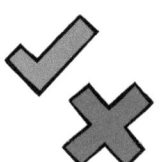

yes / no

da / ne

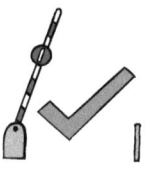

Okay

okej

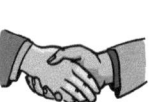

hello

zdravo

translator

prevodilac

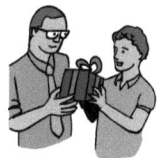

Thank you

hvala

how much is...?

Koliko košta...?

I do not understand

ne razumem

problem

problem

Good evening!

dobro veče!

Good morning!

Dobro jutro!

Good night!

Laku noć!

bye bye

doviđenja

direction

smer

luggage

prtljaga

bag

torba

backpack

ruksak

guest

gost

room

soba

sleeping bag

vreća za spavanje

tent

šator

tourist information
turističke informacije

beach
plaža

credit card
kreditna kartica

breakfast
doručak

lunch
ručak

dinner
večera

ticket
karta za vožnju

lift
lift

stamp
poštanska markica

border
granica

customs
carina

embassy
ambasada

visa
viza

passport
pasoš

transport

transport

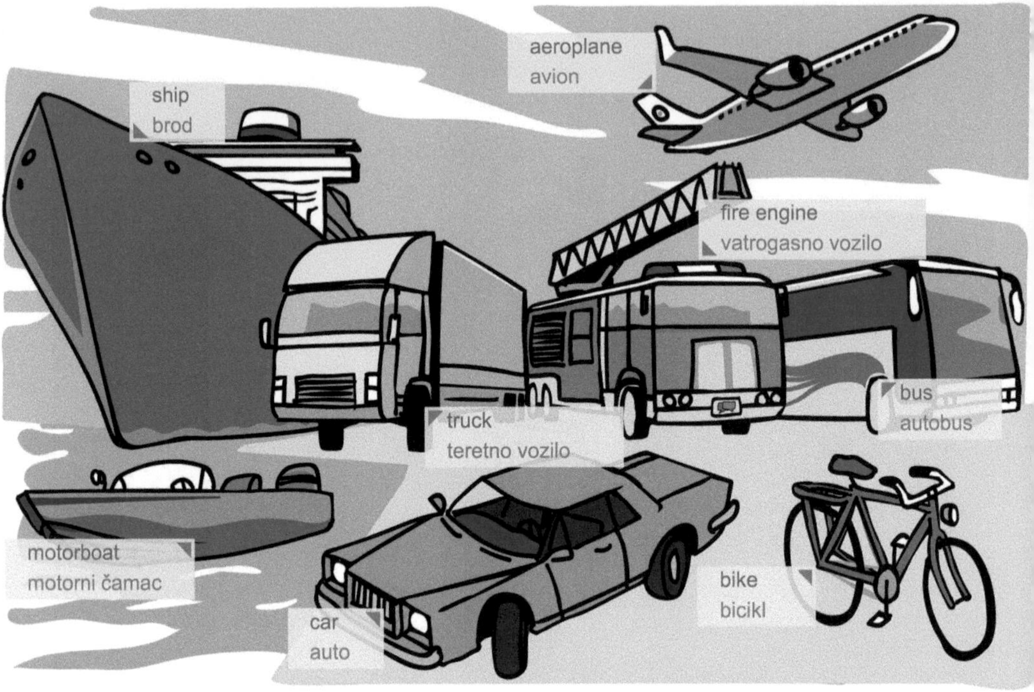

aeroplane
avion
ship
brod
fire engine
vatrogasno vozilo
bus
autobus
truck
teretno vozilo
motorboat
motorni čamac
bike
bicikl
car
auto

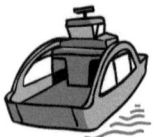

ferry

trajekt

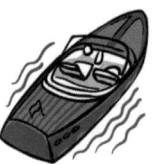

boat

čamac

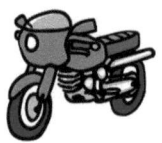

motorbike

motocikl

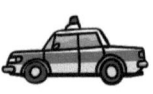

police car

policijski auto

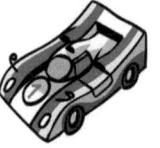

racing car

trkaći auto

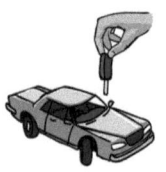

rental car

iznajmljeno auto

car sharing

delenje automobila

breakdown truck

vučno vozilo

refuse truck

vozilo za odvoz smeća

motor

motor

fuel

benzin

petrol station

benzinska stanica

traffic sign

saobraćajni znak

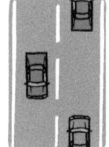

traffic

saobraćaj

traffic jam

zastoj

car park

parkiralište

train station

železnička stanica

tracks

šine

train

voz

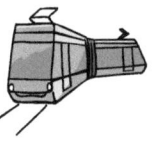

tram

tramvaj

carriage

vagon

helicopter

helikopter

airport

aerodrom

tower

kula

passenger

putnik

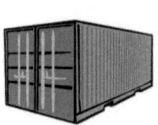

container

kontejner

carton

karton

cart

kolica

basket

korpa

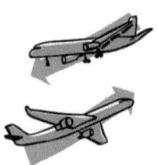

take off / land

uzleteti / sleteti

city

grad

village

selo

city centre

centar grada

house

kuća

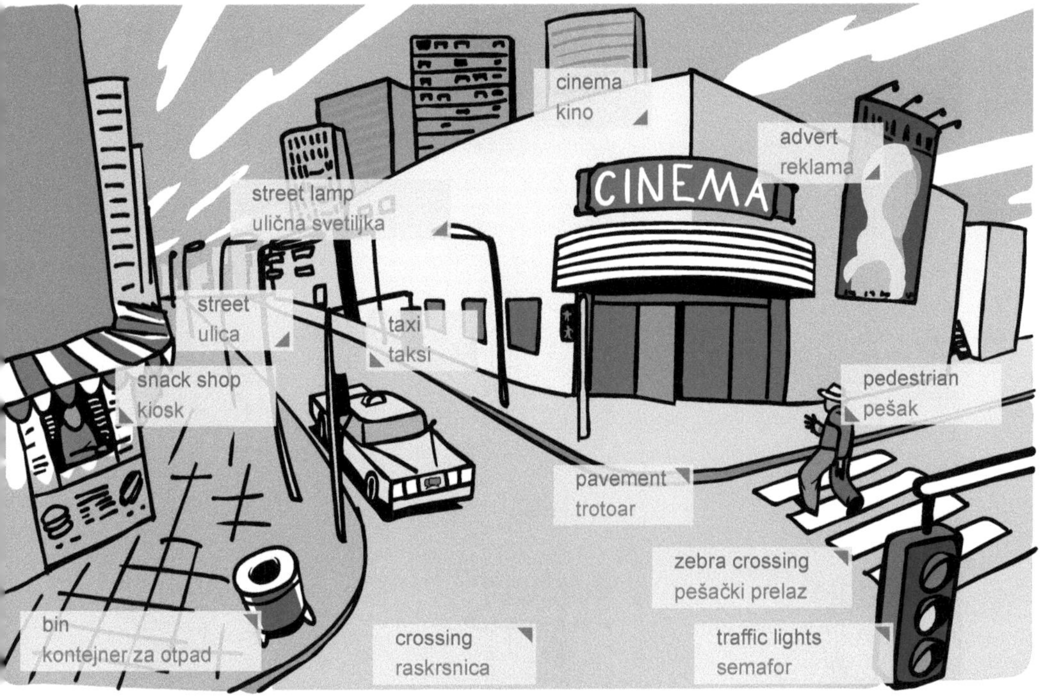

cinema
kino

advert
reklama

CINEMA

street lamp
ulična svetiljka

street
ulica

taxi
taksi

snack shop
kiosk

pedestrian
pešak

pavement
trotoar

zebra crossing
pešački prelaz

bin
kontejner za otpad

crossing
raskrsnica

traffic lights
semafor

hut

koliba

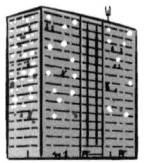

flat

stan

train station

železnička stanica

town hall

većnica

museum

muzej

school

škola

university

univerzitet

bank

banka

hospital

bolnica

hotel

hotel

pharmacy

apoteka

office

kancelarija

book shop

knjižara

shop

prodavnica

florist's

cvećara

supermarket

supermarket

market

trg

department store

robna kuća

fishmonger's

ribarnica

shopping centre

trgovački centar

harbour

luka

park

park

bench

klupa

bridge

most

stairs

stepenice

underground

podzemna železnica

tunnel

tunel

bus stop

autobuska stanica

bar

bar

restaurant

restoran

postbox

poštansko sanduče

street sign

ulični znak

parking meter

parkirni automat

zoo

zoološki vrt

swimming pool

bazen

mosque

džamija

farm

seosko gazdinstvo

pollution

zagađenje okoline

graveyard

groblje

church

crkva

playground

igralište

temple

hram

landscape

pejsaž

signpost
putokaz

way
put

meadow
livada

stone
kamen

hiker
šetač

tree
drvo

river
reka

grass
trava

flower
cvijet

valley
dolina

hill
planina

lake
jezero

forest
šuma

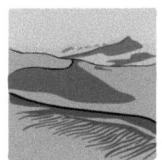
desert
pustinja

volcano
vulkan

castle
dvorac

rainbow
duga

mushroom
gljiva

palm tree
palma

mosquito
moskito

fly
muva

ant
mrav

bee
pčela

spider
pauk

beetle

buba

frog

žaba

squirrel

veverica

hedgehog

jež

hare

zec

owl

sova

bird

ptica

swan

labud

boar

divlja svinja

deer

jelen

moose

los

dam

nasip

wind turbine

vetrenjača

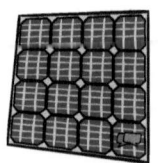

solar panel

solarna ploča

climate

klima

restaurant
restoran

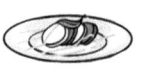

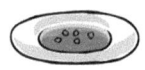

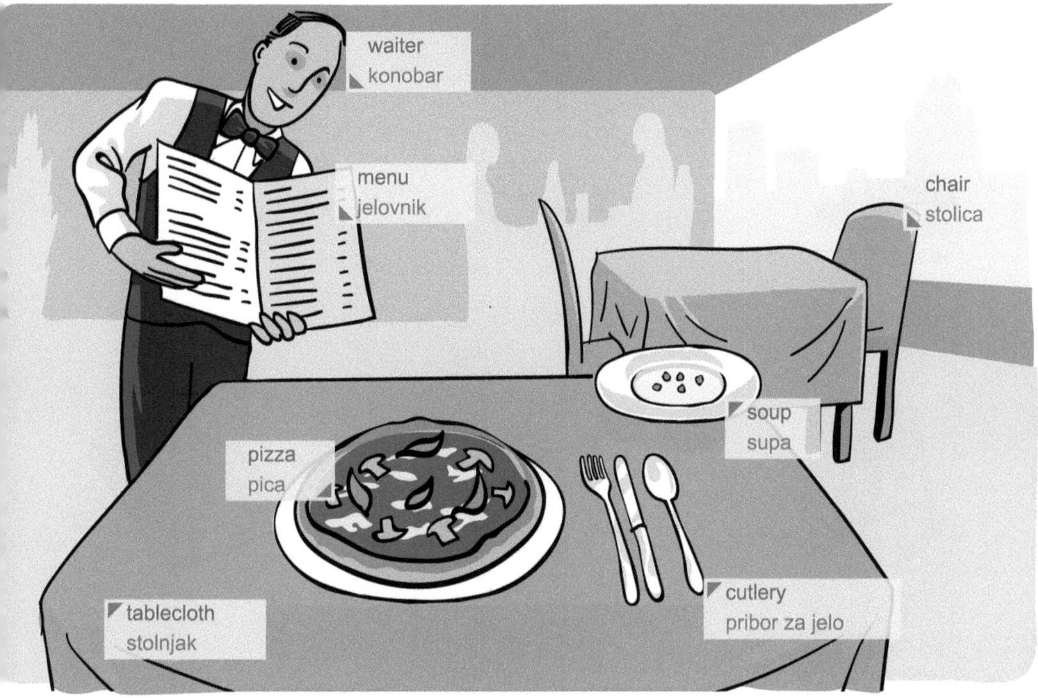
waiter
konobar
menu
jelovnik
chair
stolica
soup
supa
pizza
pica
cutlery
pribor za jelo
tablecloth
stolnjak

starter
predjelo

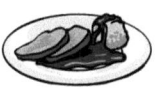

main course
glavno jelo

dessert
desert

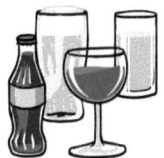

drinks
napitci

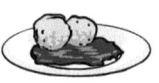

food
jelo

bottle
flaša

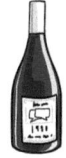

fast food
brza hrana

street food
imbis hrana

teapot
čajnik

sugar bowl
doza za šećer

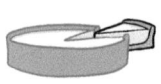

portion
porcija

espresso machine
aparat za espresso

high chair
visoka stolica

bill
račun

tray
poslužavnik

knife
nož

fork
viljuška

spoon
kašika

teaspoon
čajna kašika

serviette
salveta

glass
čaša

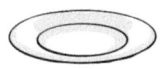

plate

tanjir

soup plate

tanjir za supu

saucer

tanjirić

sauce

sos

salt pot

soljenka

pepper mill

mlin za biber

vinegar

sirće

oil

ulje

spices

začini

ketchup

kečap

mustard

senf

mayonnaise

majoneza

supermarket

supermarket

special offer
ponuda
customer
kupac
FOR
dairy
mlečni proizvodi
fruit
voće
trolley
kolica za kupovinu

BUTCHERS

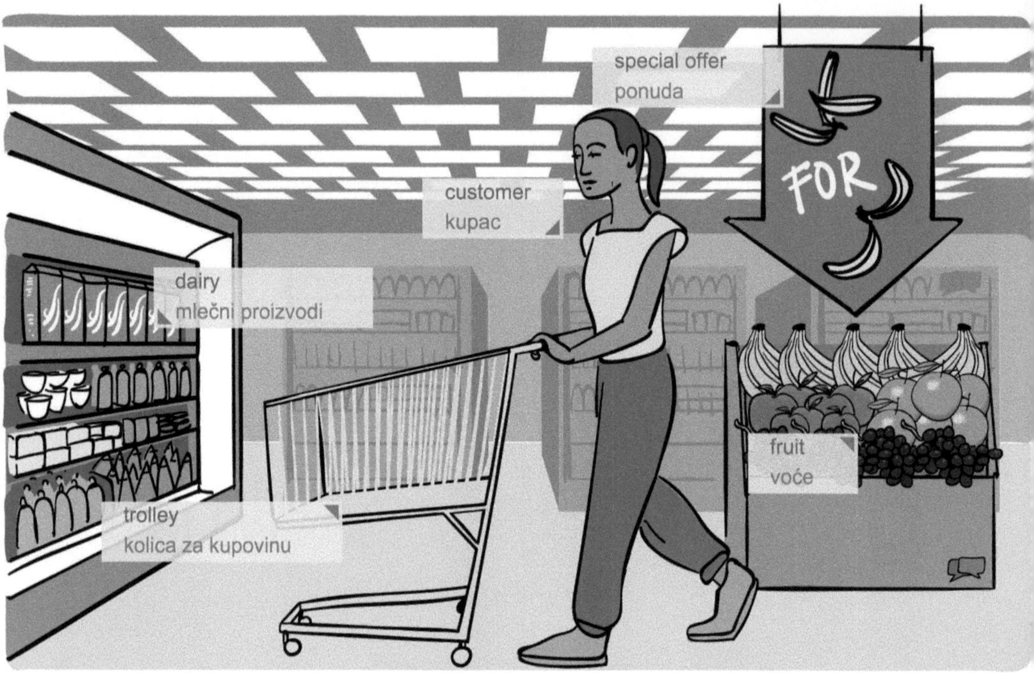

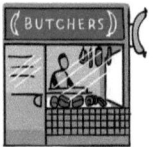

butcher´s

mesnica

BAKERY

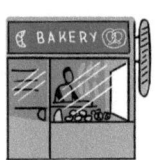

baker´s

pekara

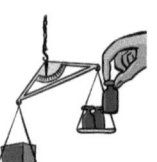

weigh

vagati

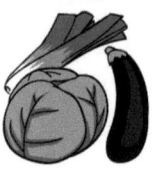

vegetables

povrće

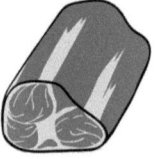

meat

meso

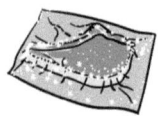

frozen food

smrznuta hrana

cold meat

narezak

tinned food

konzerve

washing powder

sredstvo za pranje

sweets

slatkiši

household products

artikli za domaćinstvo

cleaning products

sredstva za čišćenje

salesperson

prodavačica

till

blagajna

cashier

blagajnik

shopping list

lista za kupovinu

opening hours

vreme rada

wallet

novčanik

credit card

kreditna kartica

bag

torba

plastic bag

plastična kesa

water
....
voda

juice
....
sok

milk
....
mleko

coke
....
kola

wine
....
vino

beer
....
pivo

alcohol
....
alkohol

cocoa
....
kakao

tea
....
čaj

coffee
....
kava

espresso
....
espresso

cappuccino
....
cappuccino

banana

banana

apple

jabuka

orange

narandža

melon

lubenica

lemon

limun

carrot

šargarepa

garlic

beli luk

bamboo

bambus

onion

luk

mushroom

gljiva

nuts

orašasti plodovi

noodles

rezanci

spaghetti

špagete

rice

riža

salad

salata

chips

pomfrit

fried potatoes

pečeni krumpir

pizza

pica

hamburger

hamburger

sandwich

sendvič

cutlet

šnicla

ham

šunka

salami

salama

sausage

kobasica

chicken

kokoš

roast

pečenje

fish

riba

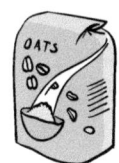

porridge oats

zobene pahuljice

muesli

musli

cornflakes

kukuruzne pahuljice

flour

brašno

croissant

kroasan

bread roll

pecivo

bread

hleb

toast

toast

biscuits

keksi

butter

maslac

curd

sveži sir

cake

kolač

egg

jaje

fried egg

jaje na oko

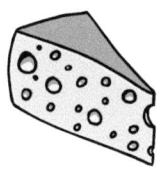

cheese

sir

food - jelo

ice cream

sladoled

sugar

šećer

honey

med

jam

marmelada

chocolate spread

nugat krema

curry

kari

food - jelo

farm
seosko gazdinstvo

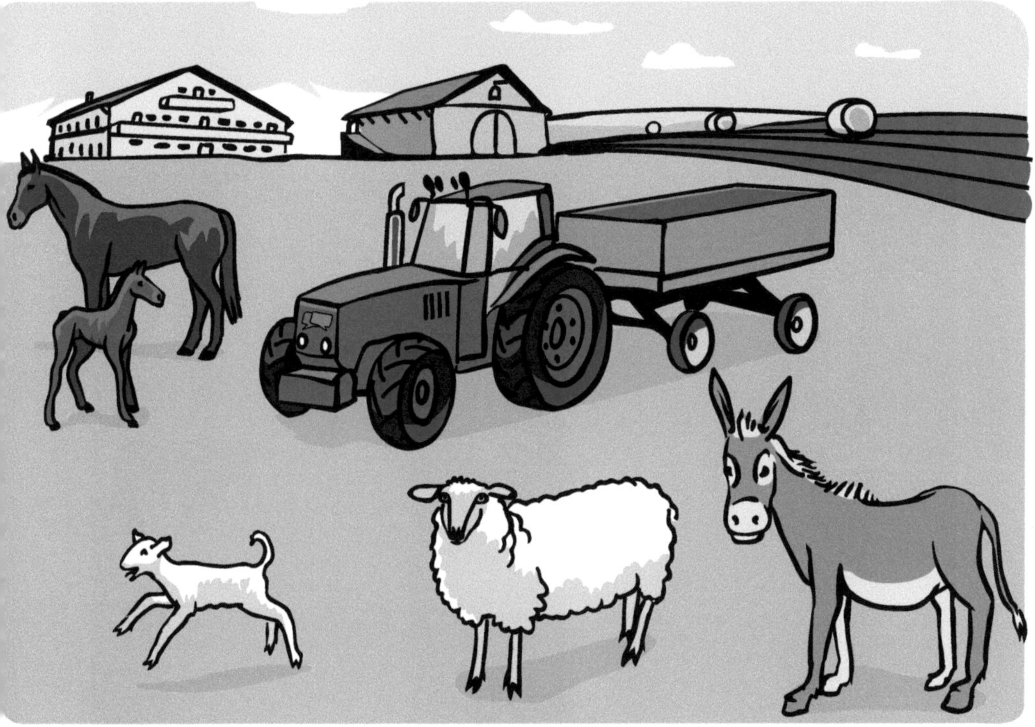

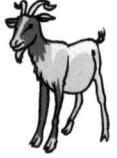

goat

koza

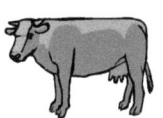

cow

krava

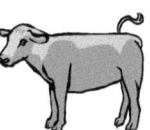

calf

tele

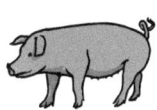

pig

svinja

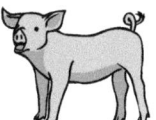

piglet

prase

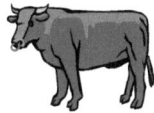

bull

bik

goose

guska

duck

patka

chick

pilići

hen

kokoš

cock

petao

rat

pacov

cat

mačka

mouse

miš

ox

vol

dog

pas

doghouse

kućica za psa

garden hose

vrtno crevo

watering can

kanta za polivanje

scythe

kosa

plough

plug

28   farm - seosko gazdinstvo

sickle

srp

hoe

motika

pitchfork

viljuška za đubrivo

axe

sekira

wheelbarrow

tačke

trough

korito

milk can

posuda za mleko

sack

vreća

fence

ograda

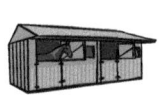

stable

štala

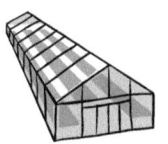

greenhouse

staklenik

soil

zemlja

seed

seme

fertilizer

đubrivo

combine harvester

kombajn

harvest

žeti

harvest

žetva

yams

jams začin

wheat

pšenica

soy

soja

potato

krumpir

corn

kukuruz

rapeseed

uljana repica

fruit tree

voćka

cassava

gomolj manioke

cereals

žitarice

living room
dnevna soba

bathroom
kupaonica

kitchen
kuhinja

bedroom
spavaća soba

child's room
dečija soba

dining room
trpezarija

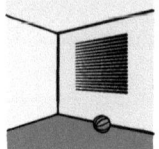

floor

pod

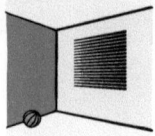

wall

zid

ceiling

strop

cellar

podrum

sauna

sauna

balcony

balkon

terrace

terasa

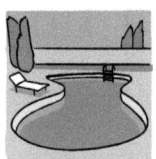

pool

bazen

lawn mower

kosilica za travu

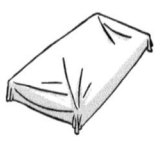

sheet

posteljina za krevet

bedspread

deka za krevet

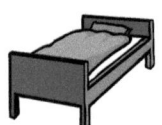

bed

krevet

broom

metla

bucket

kanta

switch

prekidač

living room
dnevna soba

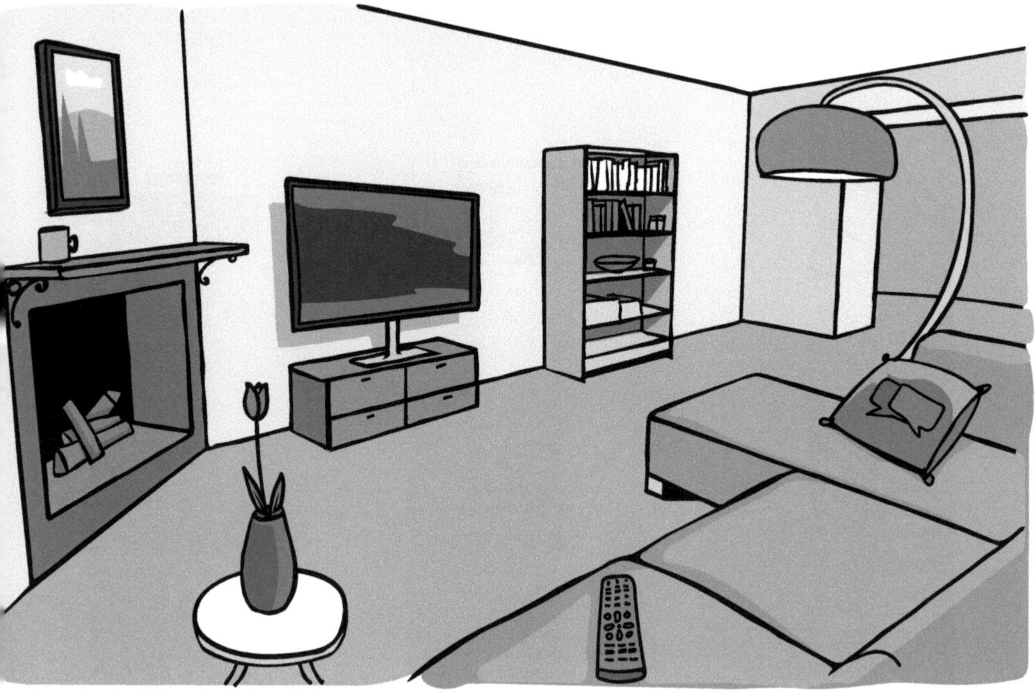

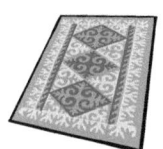

carpet

tepih

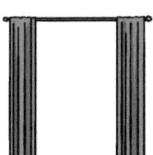

curtain

zavesa

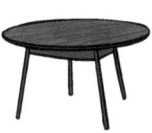

table

sto

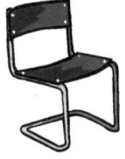

chair

stolica

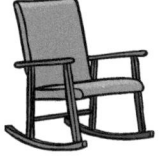

rocking chair

stolica za njihanje

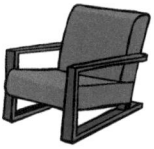

armchair

fotelja

book

knjiga

blanket

deka

decoration

dekoracija

firewood

drvo za ogrev

film

film

hi-fi equipment

hi-fi uređaj

key

ključ

newspaper

novine

painting

slika na platnu

poster

poster

radio

radio

notepad

blok za pisanje

hoover

usisivač

cactus

kaktus

candle

sveća

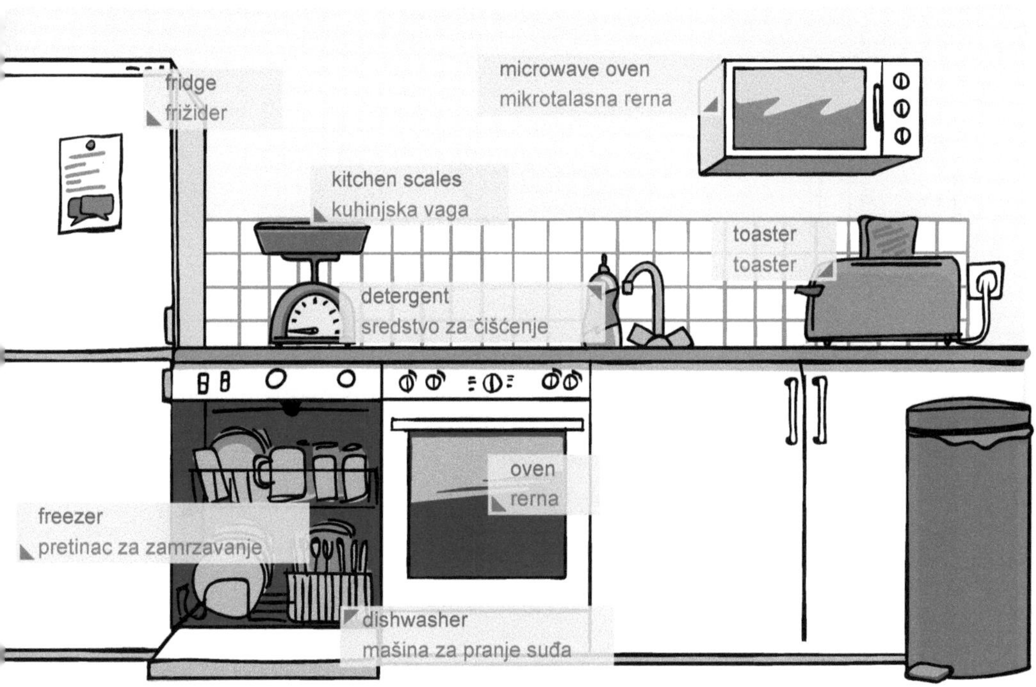

fridge
frižider

microwave oven
mikrotalasna rerna

kitchen scales
kuhinjska vaga

toaster
toaster

detergent
sredstvo za čišćenje

oven
rerna

freezer
pretinac za zamrzavanje

dishwasher
mašina za pranje suđa

cooker

šporet

pot

lonac

cast-iron pot

gvozdeni lonac

wok / kadai

wok / kadai

pan

tava

kettle

kuvalo za vodu

steamer

kuvalo na paru

baking tray

lim za pečenje

crockery

posuđe

mug

čaša

bowl

posuda

chopsticks

štapići za jelo

ladle

kutlača

spatula

lopatica

whisk

penjača

strainer

sito za kuvanje

sieve

sito

grater

ribež

mortar

mužar

barbecue

roštilj

open fire

ognjište

chopping board

daska

rolling pin

oklagija

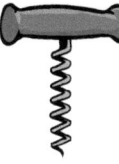

corkscrew

vadičep

can

konzerva

can opener

otvarač konzervi

pot holder

krpa za lonac

sink

sudoper

brush

četka

sponge

sunđer

blender

mikser

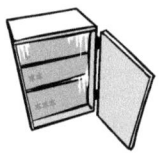

deep freezer

zamrzivač

baby bottle

flašica za bebe

tap

slavina za vodu

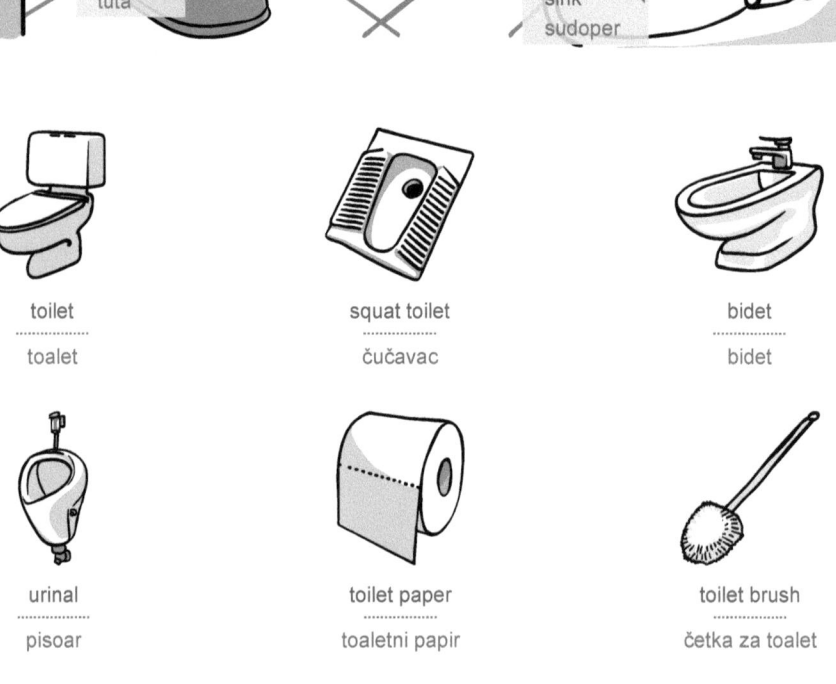

bathroom
kupaonica

heating
grejanje
shower
tuš
towel
peškir
shower curtain
zavesa za tuš
bubble bath
penušava kupka
bathtub
kada
glass
čaša
washing machine
mašina za pranje veša
tap
slavina za vodu
tiles
pločice
potty
tuta
sink
sudoper

toilet

toalet

squat toilet

čučavac

bidet

bidet

urinal

pisoar

toilet paper

toaletni papir

toilet brush

četka za toalet

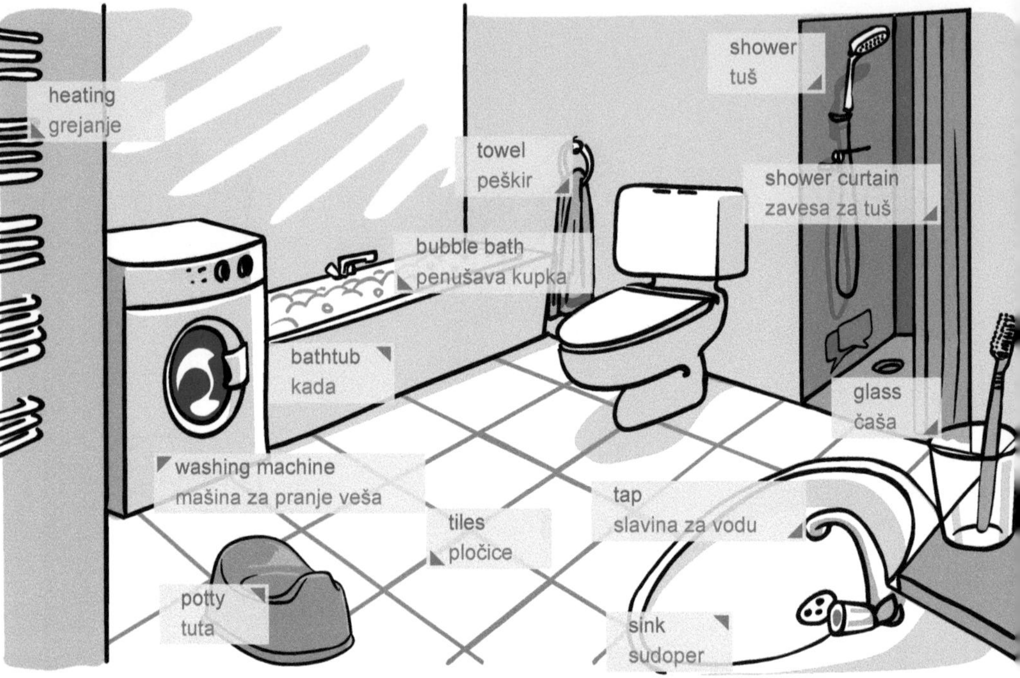

toothbrush

četkica za zube

toothpaste

pasta za zube

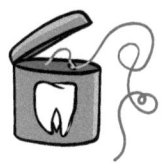

dental floss

konac za zube

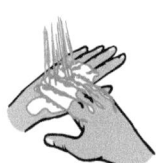

wash

prati

handheld shower

tuš ručica

douche

tuš za pranje intimnih delova

basin

lavor

back brush

četka za pranje leđa

soap

sapun

shower gel

gel za tuširanje

shampoo

šampon

flannel

krpa za pranje

drain

odvod

cream

krema

deodorant

dezodorans

mirror	hand mirror	razor
ogledalo	kozmetičko ogledalo	brijač

shaving foam	aftershave	comb
pena za brijanje	losion za posle brijanja	češalj

brush	hair dryer	hairspray
četka	fen za kosu	sprej za kosu

makeup	lipstick	nail varnish
makeup	ruž za usne	lak za nokte

cotton wool	nail scissors	perfume
vata	makaze za nokte	parfem

washbag

kozmetička torbica

stool

stolica

weighing scale

vaga

bathrobe

ogrtač

rubber gloves

rukavice za čišćenje

tampon

tampon

sanitary towel

uložak

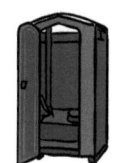

chemical toilet

hemijski toalet

child's room
dečija soba

alarm clock
budilnik
cuddly toy
plišana igračka
toy car
auto igračka
rattle
zvečka
doll's house
kućica za lutke
present
poklon

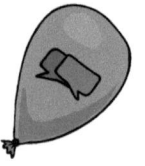

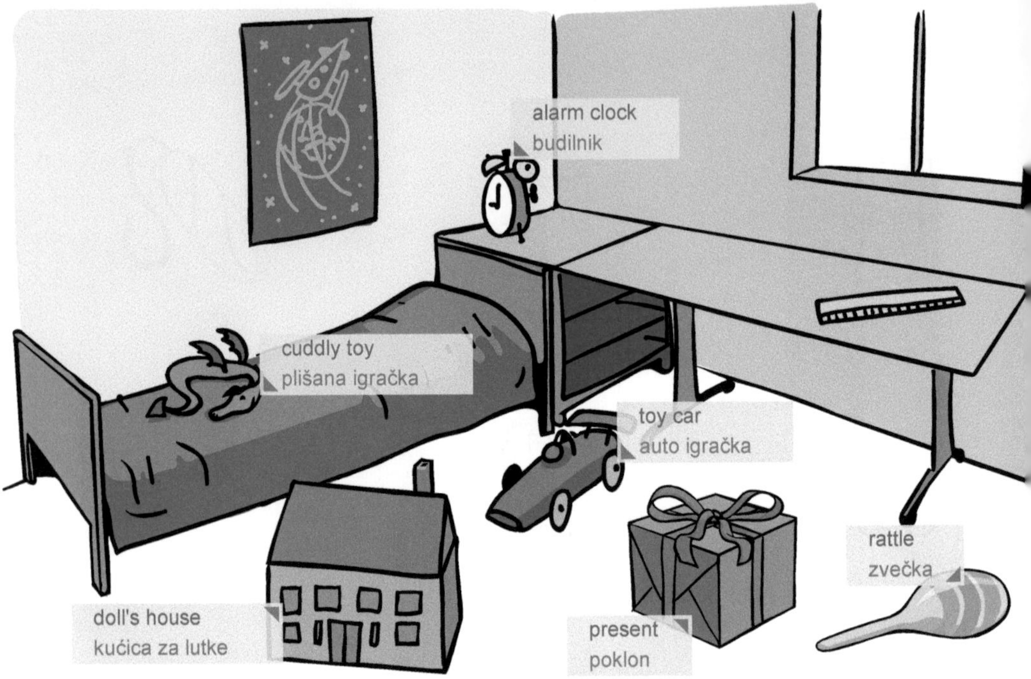

balloon

balon

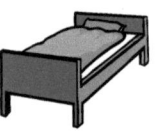

bed

krevet

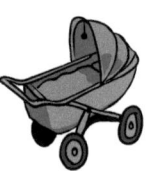

pram

dječija kolica

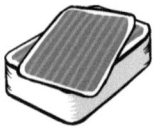

deck of cards

igra s kartama

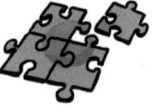

jigsaw

slagalica

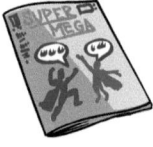

comic

strip

lego bricks

lego kockice

building blocks

kockice za slaganje

action figure

akcioni junak

babygrow

benkica za bebe

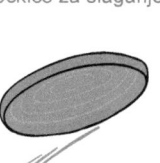

frisbee

frizbi

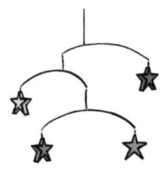

mobile

viseće igračke

board game

društvene igre

dice

kocka

model train set

minijaturna željeznica

dummy

duda

party

zabava

picture book

slikovnica

ball

lopta

doll

lutka

play

igrati

sandpit

pješčanik

swing

ljuljačka

toys

igračka

video game console

konzola za igre

tricycle

tricikl

teddy bear

tedi

wardrobe

ormar

clothing

odeća

socks

kratke čarape

stockings

čarape

tights

hulahopke

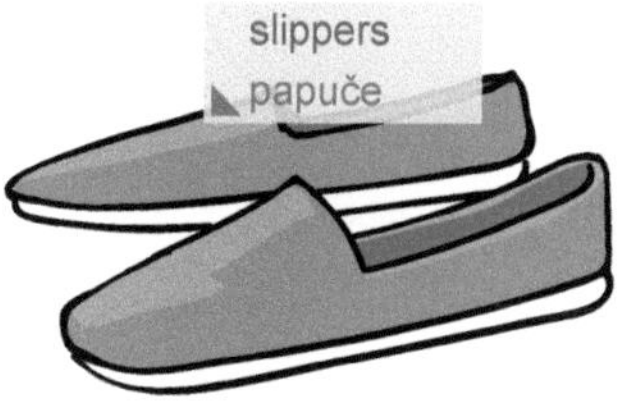

scarf
šal

umbrella
kišobran

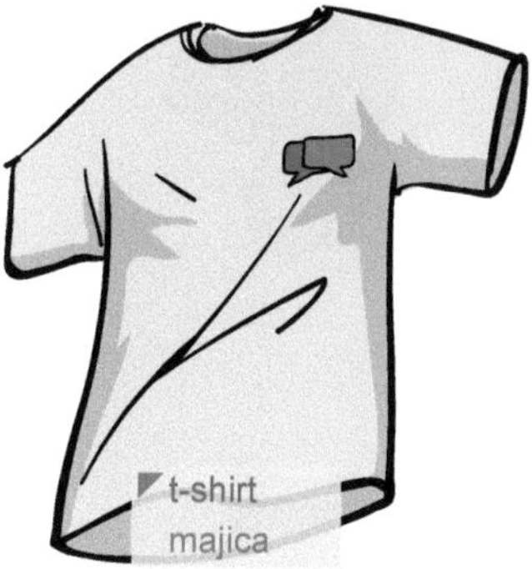

t-shirt
majica

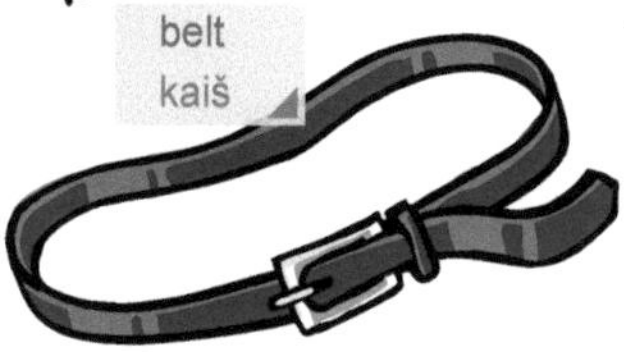

belt
kaiš

boots
čizme

slippers
papuče

trainers
patike

sandals
sandale

shoes
cipele

rubber boots
gumene čizme

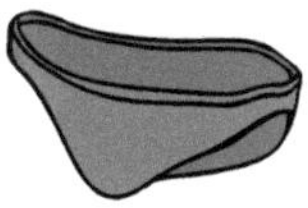

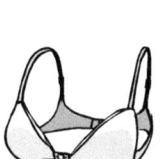

underpants
gaćice

bra
grudnjak

vest
potkošulja

body
bodi

trousers
pantalone

jeans
farmerke

skirt
suknja

blouse
bluza

shirt
košulja

pullover
džemper

hoodie
džemper s kapuljačom

blazer
sako

jacket
jakna

coat
kaput

raincoat
kabanica

costume
kostim

dress
haljina

wedding dress
venčanica

suit

odelo

nightgown

spavaćica

pyjamas

pidžama

sari

sari

headscarf

marama za glavu

turban

turban

burqa

burka

kaftan

kaftan

abaya

abaja

swimsuit

kupaći kostim

trunks

kupaće gaćice

shorts

kratke pantalone

tracksuit

odeća za trening

apron

kecelja

gloves

rukavice

button

dugme

glasses

naočare

bracelet

narukvica

necklace

ogrlica

ring

prsten

earring

naušnica

cap

kapa

coat hanger

vešalica

hat

šešir

tie

kravata

zip

patent zatvarač

helmet

kaciga

braces

naramenice

school uniform

školska uniforma

uniform

uniforma

bib

podbradak

dummy

duda

nappy

pelena

office
kancelarija

server
server

filing cabinet
ormar za spise

printer
štampač

monitor
monitor

paper
papir

desk
pisaći stol

mouse
miš

folder
mapa

keyboard
tastatura

waste-paper basket
košara za papir

chair
stolica

computer
kompjuter

coffee mug

šalica za kavu

calculator

kalkulator

internet

internet

laptop

laptop

letter

pismo

message

poruka

mobile

mobilni telefon

network

mreža

photocopier

uređaj za kopiranje

software

softver

telephone

telefon

plug socket

utičnica

fax machine

faks

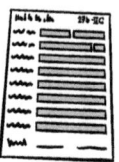

form

formular

document

dokument

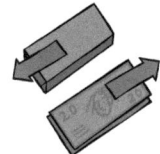

buy

kupovati

pay

platiti

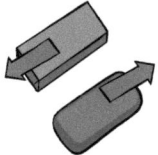

trade

trgovati

money

novac

 **USD**

dollar

dolar

 **EUR**

euro

evro

 **JPY**

yen

jen

 **RUB**

rouble

rublja

 **CHF**

Swiss franc

švajcarski franak

 **CNY**

renminbi yuan

renmindbi juan

 **INR**

rupee

rupija

cashpoint

automat za novac

bureau de change

menjačnica

gold

zlato

silver

srebro

oil

nafta

energy

energija

price

cena

contract

ugovor

tax

porez

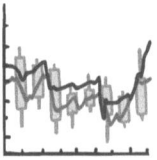

stock

deonica

work

raditi

employee

službenik

employer

poslodavac

factory

fabrika

shop

prodavnica

occupations
zanimanja

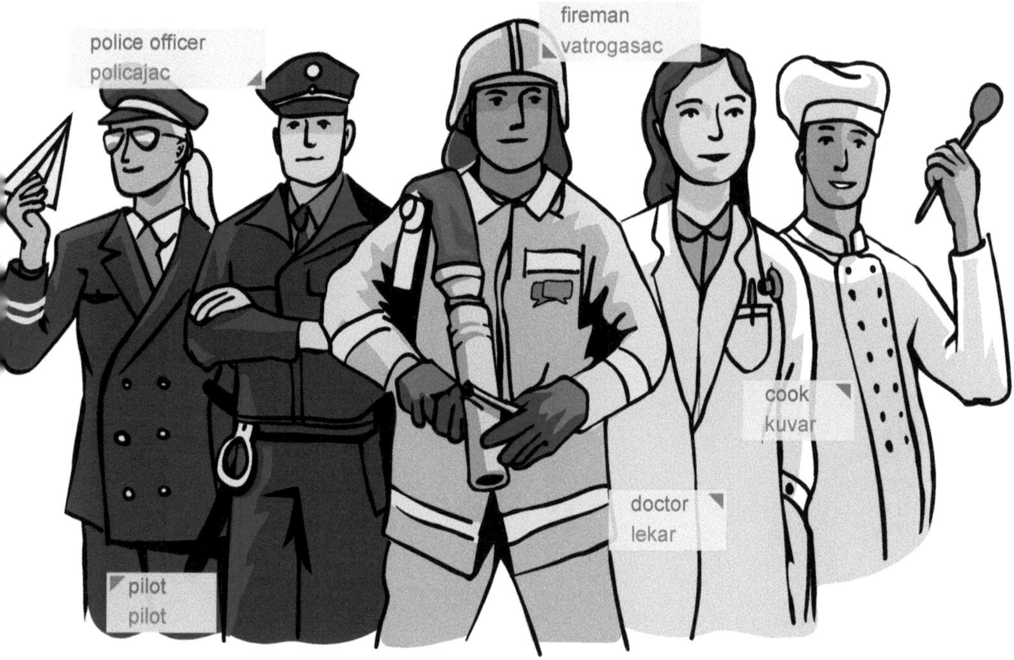
police officer
policajac
fireman
vatrogasac
cook
kuvar
doctor
lekar
pilot
pilot

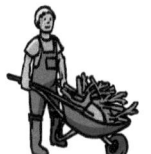

gardener
vrtlar

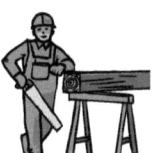

carpenter
stolar

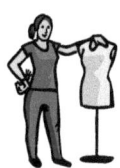

seamstress
krojačica

judge
sudija

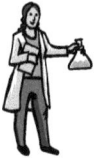

chemist
hemičar

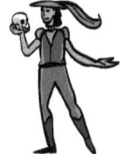

actor
glumac

bus driver

vozač autobusa

taxi driver

vozač taksija

fisherman

ribar

cleaning lady

čistačica

roofer

krovopokrivač

waiter

konobar

hunter

lovac

painter

slikar

baker

pekar

electrician

električar

builder

građevinski radnik

engineer

inženjer

butcher

mesar

plumber

limar

postman

poštar

soldier

vojnik

architect

arhitekta

cashier

blagajnik

florist

cvećar

hairdresser

frizer

conductor

kondukter

mechanic

mehaničar

captain

kapetan

dentist

zubar

scientist

naučnik

rabbi

rabi

imam

imam

monk

monah

clergyman

svećenik

tools
alati

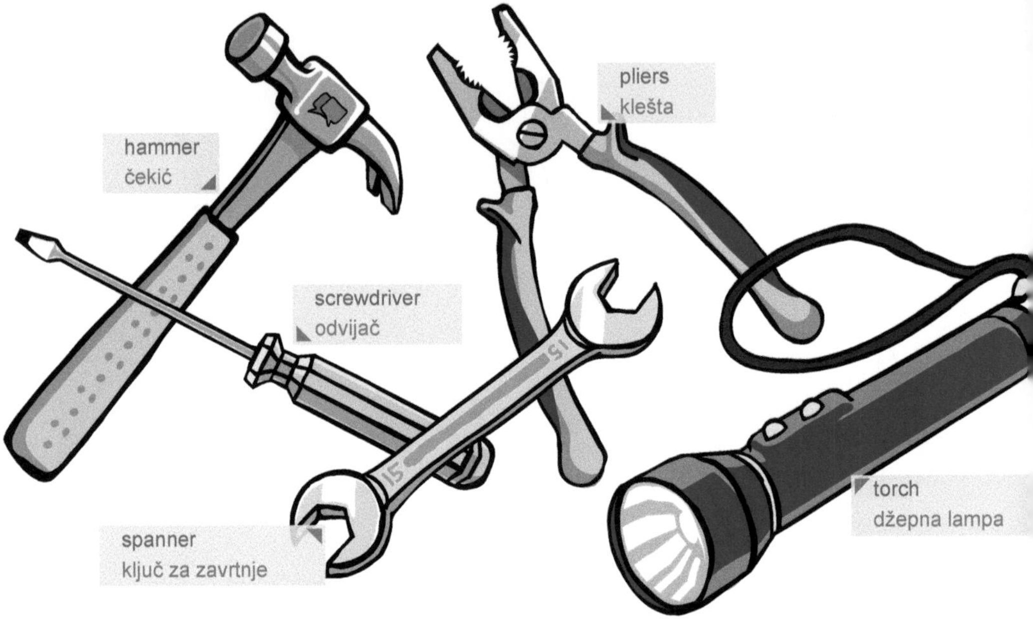
hammer
čekić
pliers
klešta
screwdriver
odvijač
spanner
ključ za zavrtnje
torch
džepna lampa

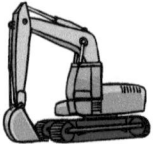

digger

bager

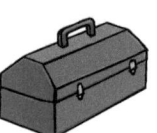

toolbox

kutija za alat

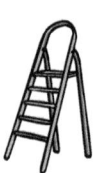

ladder

merdevine

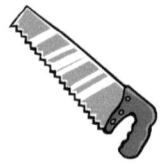

saw

pila

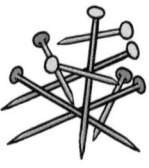

nails

ekser

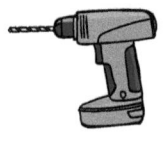

drill

bušilica

repair
popraviti

shovel
lopata

Damn!
do đavola!

dustpan
lopatica

paint pot
lonac za boju

screws
zavrtanji

musical instruments
muzički instrument

drum kit
bubnjevi

loudspeaker
zvučnik

guitar
gitara

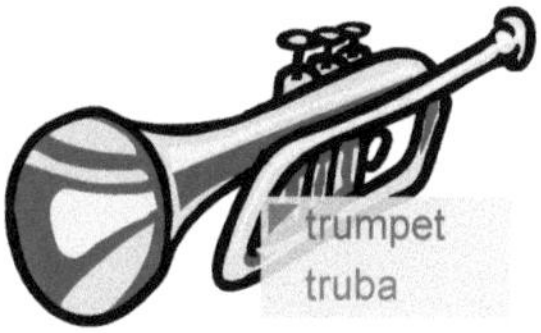

double bass
kontrabas

trumpet
truba

piano

klavir

violin

violina

bass

bas

timpani

timpani

drums

udaraljke za bubnjeve

keyboard

tipke klavira

saxophone

saksofon

flute

flauta

microphone

mikrofon

zoo

zoološki vrt

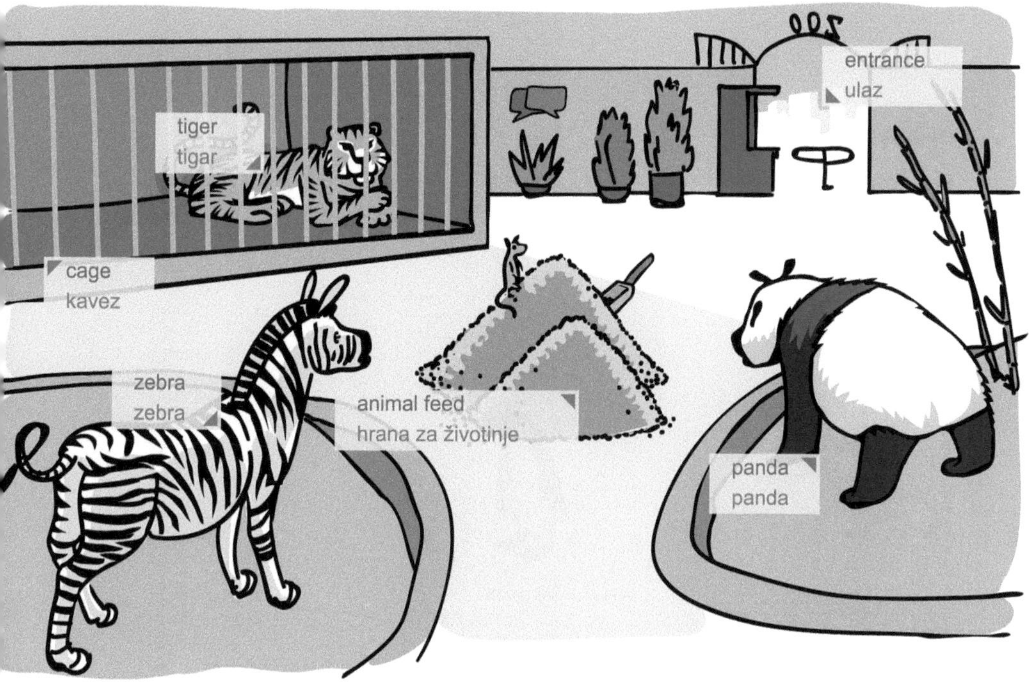
entrance
ulaz
tiger
tigar
cage
kavez
zebra
zebra
animal feed
hrana za životinje
panda
panda

animals
životinje

elephant
slon

kangaroo
kengur

rhino
nosorog

gorilla
gorila

bear
medved

camel

kamila

ostrich

noj

lion

lav

monkey

majmun

flamingo

flamingo

parrot

papagaj

polar bear

polarni medved

penguin

pingvin

shark

ajkula

peacock

paun

snake

zmija

crocodile

krokodil

zookeeper

čuvar u zoološkom vrtu

seal

tuljan

jaguar

jaguar

pony

poni

leopard

leopard

hippo

nilski konj

giraffe

žirafa

eagle

orao

boar

divlja svinja

fish

riba

turtle

kornjača

walrus

morž

fox

lisica

gazelle

gazela

zoo - zoološki vrt

American football
američki nogomet

cycling
biciklizam

tennis
tenis

basketball
košarka

swimming
plivanje

boxing
boks

ice hockey
hokej na ledu

football
fudbal

badminton
badminton

athletics
atletika

handball
rukomet

skiing
skijanje

polo
polo

activities
aktivnosti

jump
skočiti
hug
zagrliti
laugh
smejati se
walk
ići
sing
pevati
dream
sanjati
pray
moliti se
kiss
poljubiti

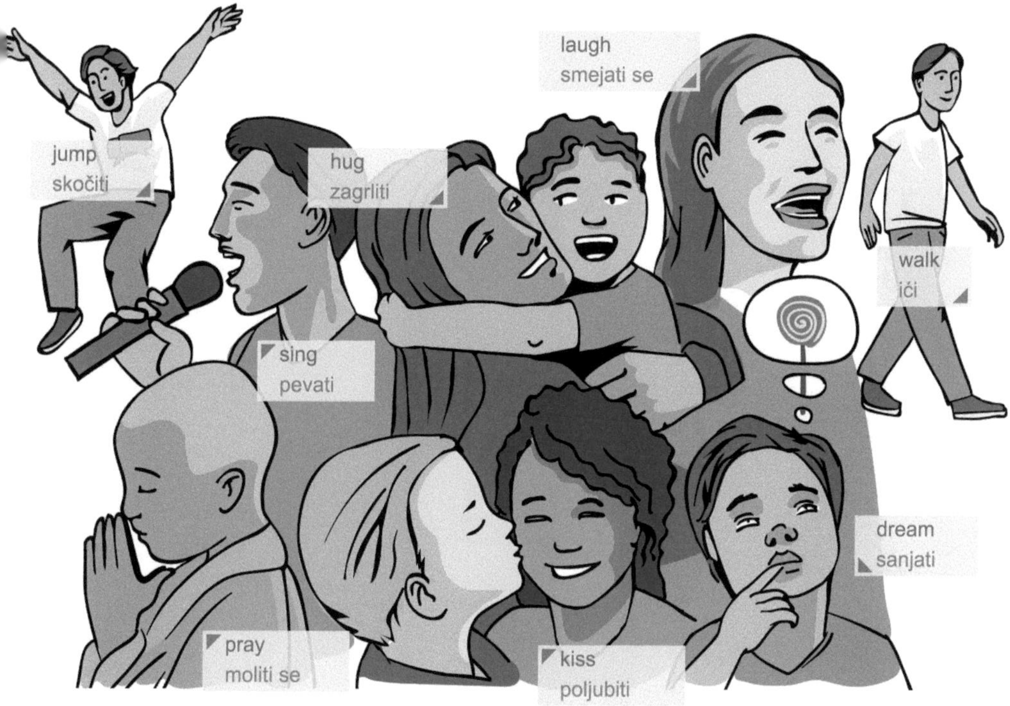

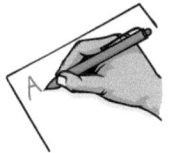

write

pisati

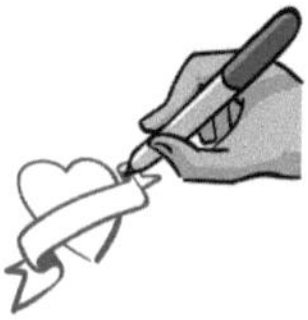

draw

crtati

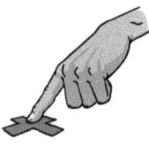

show

pokazati

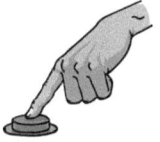

push

gurati

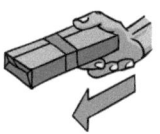

give

dati

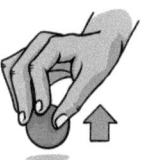

take

uzeti

have
imati

do
činiti

be
biti

stand
stojati

run
trčati

pull
povlačiti

throw
baciti

fall
padati

lie
ležati

wait
čekati

carry
nositi

sit
sediti

get dressed
oblačiti

sleep
spavati

wake up
probuditi se

look at

gledati

cry

plakati

stroke

milovati

comb

češljati

talk

govoriti

understand

razumeti

ask

pitati

listen

slušati

drink

piti

eat

jesti

tidy up

pospremiti

love

voleti

cook

kuhati

drive

voziti

fly

leteti

activities - aktivnosti

sail

ploviti

calculate

računati

read

čitati

learn

učiti

work

raditi

marry

venčati se

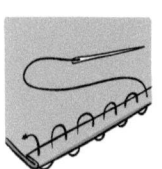

sew

šiti

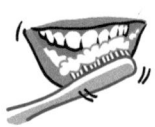

brush teeth

prati zube

kill

ubiti

smoke

pušiti

send

poslati

grandmother
baka

grandfather
deda

father
otac

mother
majka

baby
beba

daughter
kćerka

son
sin

guest

gost

aunt

tetka

uncle

ujak, stric

brother

brat

sister

sestra

body

telo

forehead
čelo
eye
oko
face
lice
chin
brada
breast
grudi
finger
prst
hand
ruka
arm
ruka
shoulder
rame
leg
noga

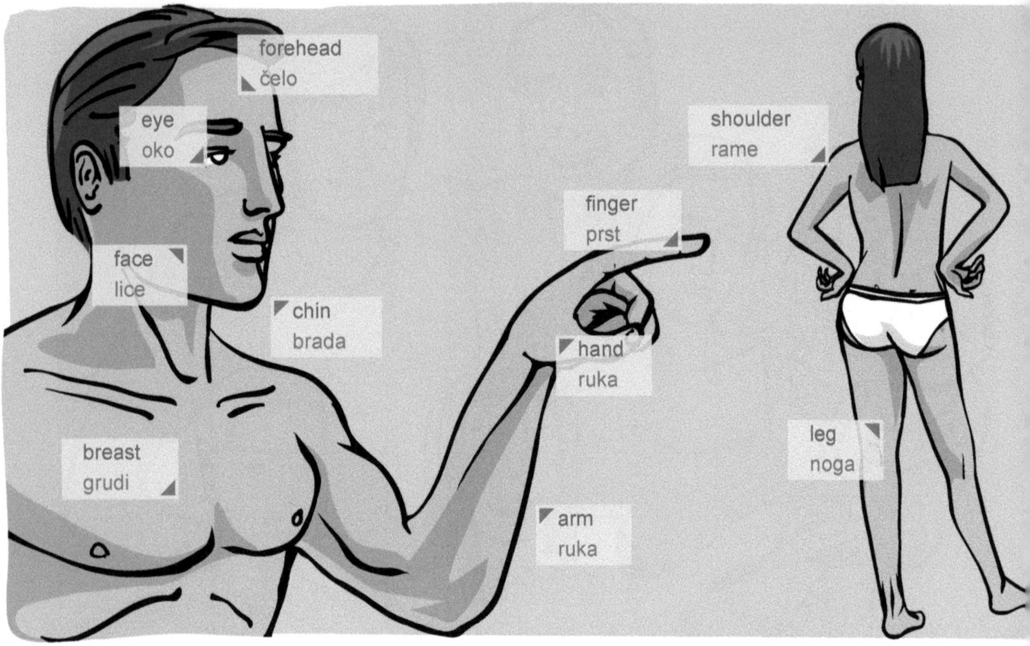

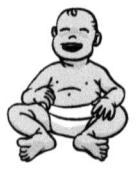

baby

beba

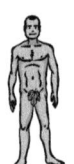

man

muškarac

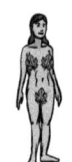

woman

žena

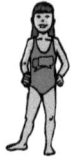

girl

devojčica

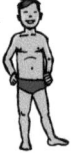

boy

dečak

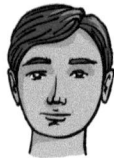

head

glava

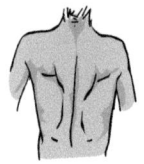

back

leđa

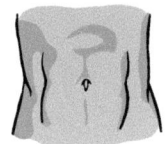

belly

stomak

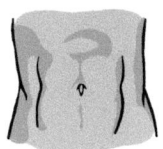

belly button

pupak

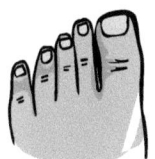

toe

nožni prst

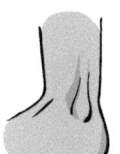

heel

peta

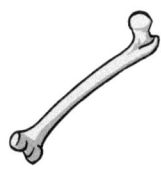

bone

kost

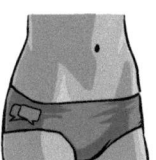

hip

kukovi

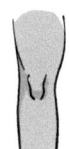

knee

koleno

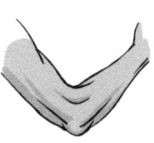

elbow

lakat

nose

nos

bottom

zadnjica

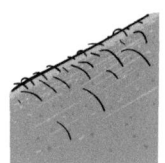

skin

koža

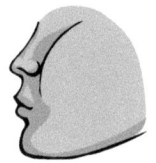

cheek

obraz

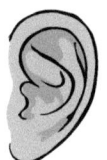

ear

uvo

lip

usna

mouth

usta

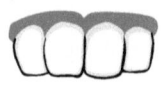

tooth

zub

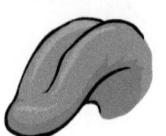

tongue

jezik

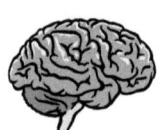

brain

mozak

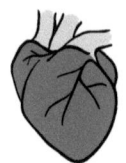

heart

srce

muscle

mišić

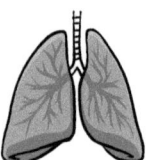

lung

pluća

liver

jetra

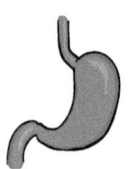

stomach

želudac

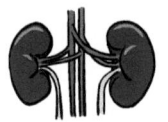

kidneys

bubrezi

sex

polni odnos

condom

kondom

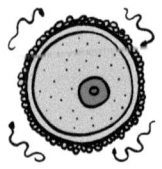

ovum

jajna ćelija

semen

sperma

pregnancy

trudnoća

　　body - telo

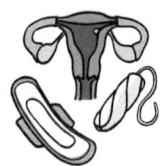

menstruation

menstruacija

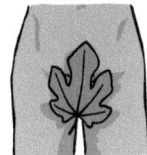

vagina

vagina

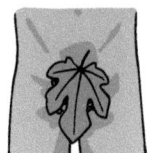

penis

penis

eyebrow

obrva

hair

kosa

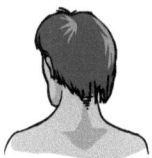

neck

vrat

hospital
bolnica

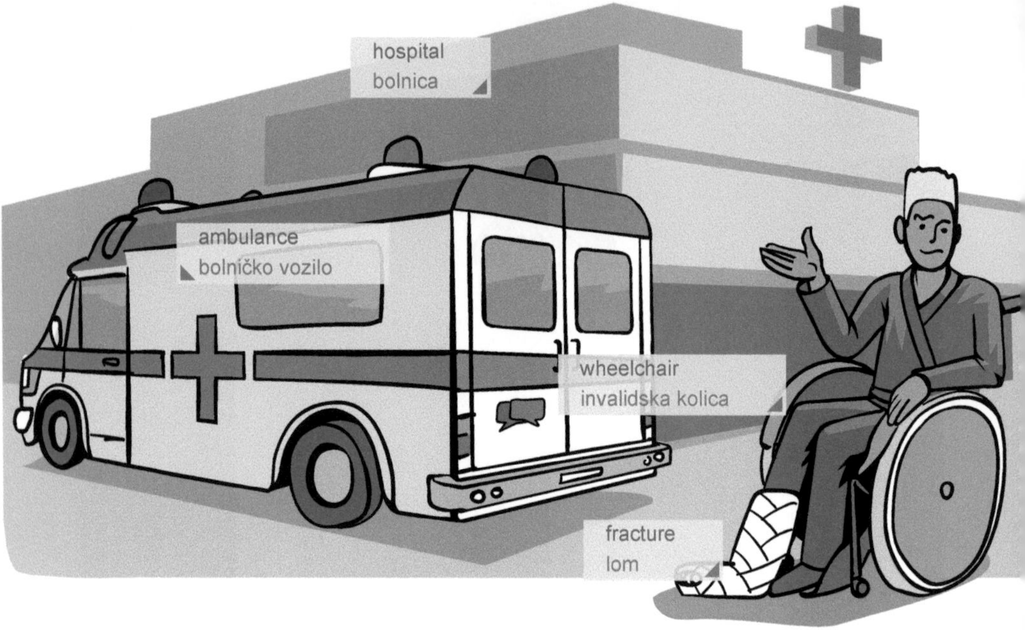

hospital
bolnica
ambulance
bolničko vozilo
wheelchair
invalidska kolica
fracture
lom

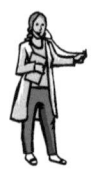

doctor

lekar

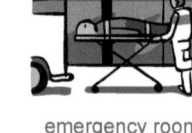

emergency room

hitna medicinska služba

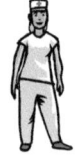

nurse

medicinska sestra

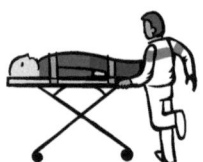

emergency

hitni slučaj

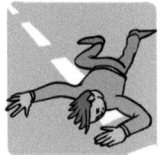

unconscious

nesvest

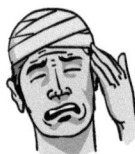

pain

bol

injury

povreda

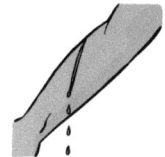

bleeding

krvarenje

heart attack

srčani udar

stroke

udar

allergy

alergija

cough

kašalj

fever

groznica

flu

gripa

diarrhoea

proliv

headache

glavobolja

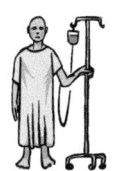

cancer

rak

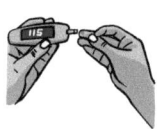

diabetes

dijabetes

surgeon

hirurg

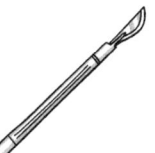

scalpel

skalpel

operation

operacija

CT

ct

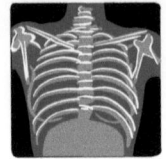

x-ray

rentgen

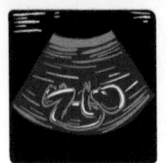

ultrasound

ultrazvuk

face mask

maska

disease

bolest

waiting room

čekaona

crutch

štaka

plaster

flaster

bandage

zavoj

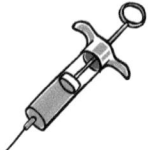

injection

injekcija

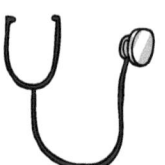

stethoscope

stetoskop

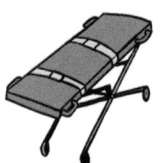

stretcher

nosila

clinical thermometer

termometar

birth

rođenje

overweight

prekomerna težina

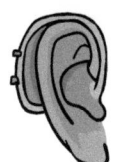

hearing aid

slušni aparat

disinfectant

sredstvo za dezinfekciju

infection

infekcija

virus

virus

HIV / AIDS

HIV / AIDS

medicine

medicina

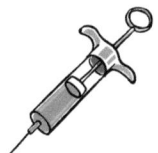

vaccination

vakcinacija

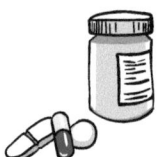

tablets

tablete

pill

pilula

emergency call

hitni poziv

blood pressure monitor

uređaj za merenje pritiska

ill / healthy

bolesno / zdravo

Help!	alarm	assault
pomoć!	alarm	nasrtaj
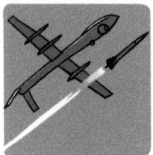		
attack	danger	emergency exit
napad	opasnost	izlaz u slučaju nužde

Fire!	fire extinguisher	accident
požar!	protivpožarni aparat	nezgoda
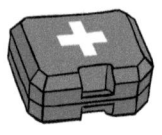		
first-aid kit	SOS	police
kutija prve pomoći	sos	policija

Europe

Evropa

North America

Severna Amerika

South America

Južna Amerika

Africa

Afrika

Asia

Azija

Australia

Australija

Atlantic

Atlantik

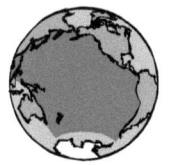

Pacific

Pacifik

Indian Ocean

Indijski okean

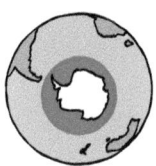

Antarctic Ocean

Antarktički okean

Arctic Ocean

Arktički ocean

North Pole

Severni pol

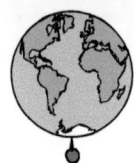

South Pole

Južni pol

Antarctica

Antarktik

Earth

zemlja

land

zemlja

sea

more

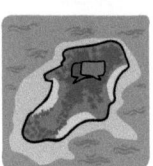

island

otok

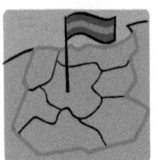

nation

nacija

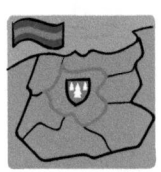

state

država

clock face

brojčanik sata

hour hand

satna kazaljka

minute hand

minutna kazaljka

second hand

sekundna kazaljka

What time is it?

Koliko je sati?

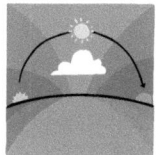

day

dan

time

vreme

now

sada

digital watch

digitalni sat

minute

minuta

hour

čas

week
sedmica

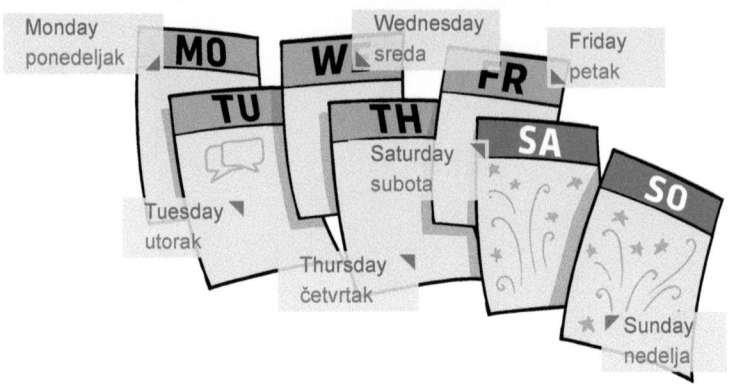

Monday
ponedeljak

Wednesday
sreda

Friday
petak

Tuesday
utorak

Saturday
subota

Thursday
četvrtak

Sunday
nedelja

yesterday

juče

today

danas

tomorrow

sutra

morning

jutro

noon

podne

evening

veče

business days

radni dani

weekend

vikend

year
godina

rain
kiša
wind
vetar
snow
sneg
spring
proleće
autumn
jesen
summer
leto
winter
zima

4.APRIL 11°
5.APRIL 4°
6.APRIL 13°
7.APRIL 8°
8.APRIL 10°

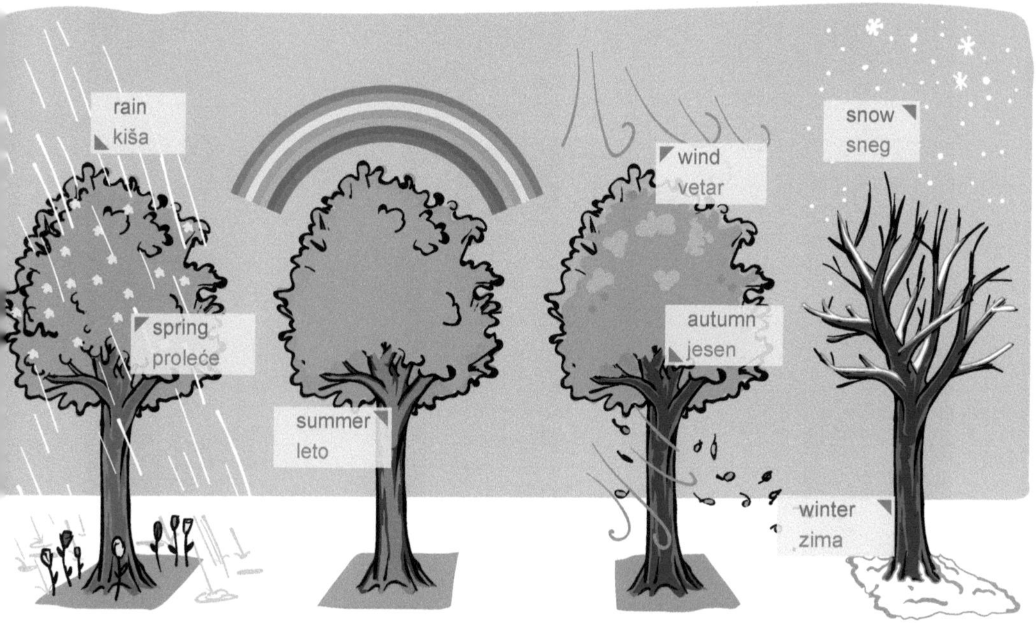

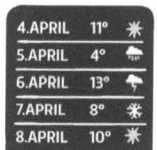

weather forecast

meteorološka prognoza

F C
120 90 60 30 0 -30
40 30 20 10 0 10 -20

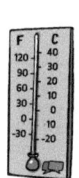

thermometer

termometar

sunshine

sunčana svetlost

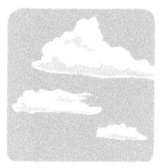

cloud

oblak

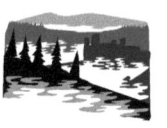

fog

magla

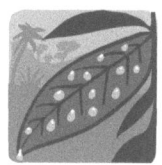

humidity

vlažnost vazduha

lightning

munja

thunder

grmljavina

storm

oluja

hail

tuča

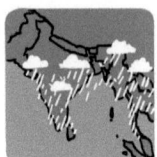

monsoon

monsun

flood

poplava

ice

led

January

januar

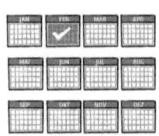

February

februar

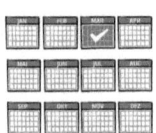

March

mart

April

april

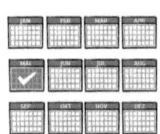

May

maj

June

juni

July

juli

August

avgust

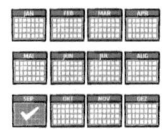

September
....
septembar

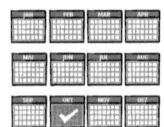

October
....
oktobar

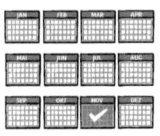

November
....
novembar

December
....
decembar

circle
....
krug

square
....
kvadrat

rectangle
....
pravougao

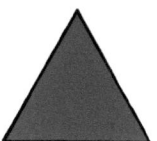

triangle
....
trougao

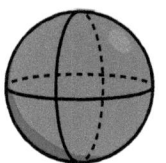

sphere
....
kugla

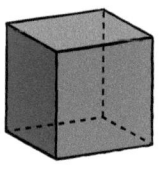

cube
....
kocka

white

bela

yellow

žuta

orange

narandžasta

pink

ružičasta

red

crvena

purple

ljubičasta

blue

plava

green

zelena

brown

smeđa

grey

siva

black

crna

a lot / a little

mnogo / malo

angry / calm

ljutito / mirno

beautiful / ugly

lepo / ružno

beginning / end

početak / kraj

big / small

veliko / maleno

bright / dark

svetlo / tamno

brother / sister

brat / sestra

clean / dirty

čisto / prljavo

complete / incomplete

potpuno / nepotpuno

day / night

dan / noć

dead / alive

mrtvo / živo

wide / narrow

široko / usko

edible / inedible

jestivo / nejestivo

evil / kind

zlo / dobro

excited / bored

uzbuđeno / dosadno

fat / thin

debelo / mršavo

first / last

na početku / na kraju

friend / enemy

prijatelj / neprijatelj

full / empty

puno / prazno

hard / soft

tvrdo / mekano

heavy / light

teško / lagano

hunger / thirst

glad / žeđ

ill / healthy

bolesno / zdravo

illegal / legal

ilegalno / legalno

intelligent / stupid

pametno / glupo

left / right

levo / desno

near / far

blizu / daleko

new / used

novo / polovno

nothing / something

ništa / nešto

old / young

staro / mlado

on / off

uključeno / isključeno

open / closed

otvoreno / zatvoreno

quiet / loud

tiho / glasno

rich / poor

bogato / siromašno

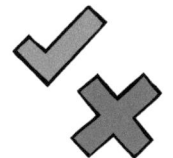

right / wrong

tačno / pogrešno

rough / smooth

hrapavo / glatko

sad / happy

tužno / sretno

short / long

kratko / dugo

slow / fast

polako / brzo

wet / dry

mokro / suho

warm / cool

toplo / hladno

war / peace

rat / mir

opposites - suprotnosti

0

zero

nula

1

one

jedan

2

two

dva

3

three

tri

4

four

četiri

5

five

pet

6

six

šest

7

seven

sedam

8

eight

osam

9

nine

devet

10

ten

deset

11

eleven

jedanaest

12

twelve

dvanaest

13

thirteen

trinaest

14

fourteen

četrnaest

15

fifteen

petnaest

16

sixteen

šestnaest

17

seventeen

sedamnaest

18

eighteen

osamnaest

19

nineteen

devetnaest

20

twenty

dvadeset

100

hundred

stotinu

1.000

thousand

hiljadu

1.000.000

million

milion

numbers - brojevi

English
engleski

American English
američki engleski

Chinese Mandarin
mandarinski kineski

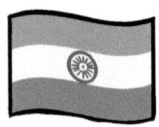

Hindi
hindski

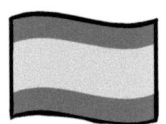

Spanish
španski

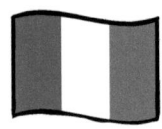

French
francuski

Arabic
arapski

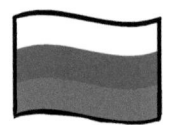

Russian
ruski

Portuguese
portugalski

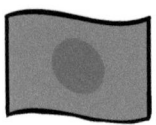

Bengali
bengalski

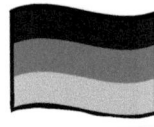

German
nemački

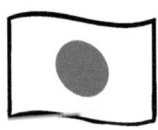

Japanese
japanski

I

ja

you

ti

he / she / it

on / ona / ono

we

mi

you

vi

they

oni

who?

Ko?

what?

Šta?

how?

Kako?

where?

Gde?

when?

Kada?

name

ime

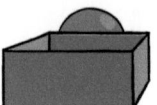

behind

iza

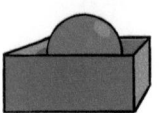

in

u

in front of

ispred

over

preko

on

na

under

ispod

beside

pored

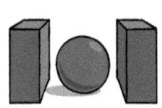

between

između

place

mesto